BOEKANALYSE

De Miser

· · · · · · · · · · · · · · · · ·

Molière

BOEKANALYSE

Geschreven door Florence Meurée
Vertaald door Nikki Claes

De Miser

MOLIÈRE

MOLIÈRE 5

Frans toneelschrijver, acteur en toneelmeester 5

DE MISER 6

Een emblematische figuur in Molière's theater 6

SAMENVATTING 7

Akte I 7
Acte II 8
Akte III 8
Akte IV 9
Akte V 10

KARAKTERSTUDIE 12

Harpagon 12
Cléante 13
Mariane 13
Valère 14
Élise 15
Anselme 16

ANALYSE 17

Liefde en geld: de krachten achter de actie 17
Bronnen van de strip 19
The Miser, een goed voorbeeld van intertekstualiteit... 20

VERDERE REFLECTIE 22

Enkele vragen om over na te denken… 22

VERDER LEZEN 24

Referentie-uitgave 24
Referentiestudies 24
Aanpassingen 24

MOLIÈRE

FRANS TONEELSCHRIJVER, ACTEUR EN TONEELMEESTER

- **Geboren in Parijs in 1622**
- **Stierf daar in 1673**
- **Opmerkelijke werken:**
  - *Dom Juan* (1665), komedie
  - *The Miser* (1668), komedie
  - *The Bourgeois Gentleman* (1670), comédie-ballet

Molière (zijn echte naam was Jean-Baptiste Poquelin) werd in 1622 in Parijs geboren in de gegoede burgerij. Al vroeg besloot hij een carrière in het theater na te streven en richtte samen met actrice Madeleine Béjart het gezelschap Illustre Théâtre op. Na twaalf jaar theaterreizen in de provincies keerde hij terug naar Parijs, waar hij werd opgemerkt door Lodewijk XIV, die hem in dienst nam.

Hij schreef voornamelijk komedies, waarin hij onder het mom van humor, de gebreken van zijn tijdgenoten belichtte (kieskeurigheid, pedanterie, gierigheid, enz.) en kritiek leverde op de 17e-eeuwse maatschappij (autoritaire vaders, religieuze hypocrisie, kwakzalvers, enz.). Zijn vele toneel-stukken zijn nog steeds invloedrijk, waardoor Molière een van de belangrijkste auteurs van de klassieke eeuw is.

DE MISER

EEN EMBLEMATISCHE FIGUUR IN MOLIÈRE'S THEATER

- **Genre:** komedie
- **Referentie-uitgave:** Molière, J-B. (2000) *De gierigaard en andere toneelstukken.* Londen: Penguin Books Ltd.
- **Eerste uitgave:** 1668
- **Thema's:** bourgeoisie, huwelijk, list, gierigheid, geld, liefde

De Miser is een komedie in vijf bedrijven, geschreven in proza. Het werd voor het eerst opgevoerd in 1668 in het Théâtre du Palais-Royal. De plot speelt zich af in Parijs. Geïnspireerd door *Aulularia* van Plautus (komisch Latijns dichter uit de 3e eeuw voor Christus), vertelt het verhaal van Harpagon, een oude bourgeois geobsedeerd door geld, die de sentimentele projecten van zijn twee kinderen, Élise en Cléante, belemmert. Uiteindelijk krijgen ze wat ze willen, dankzij een dramatische wending in de laatste akte.

Ironisch genoeg was *De Miser* geen doorslaand succes toen het werd uitgebracht, maar tegenwoordig is het een van Molière's meest opgevoerde toneelstukken. Harpagon is een van de emblematische figuren van Molière's theater.

SAMENVATTING

AKTE I

Élise en Valère zijn verliefd. De jongeman heeft, nadat hij haar van de verdrinkingsdood heeft gered, zijn vaderland en sociale status afgezworen om bij haar te zijn. Hij begint inderdaad Harpagon, de vader van Élise, te dienen en probeert diens gunst te winnen door hem voortdurend te vleien.

Cléante, de broer van Élise, is verliefd op Mariane, een jong meisje dat net in de buurt is komen wonen. Zij is niet rijk en zorgt voor haar zieke moeder. Hij lijdt omdat hij zijn gevoelens niet kan uiten vanwege de gierigheid van zijn vader, die hem niets geeft. Cléante is echter van plan met haar weg te gaan, als zijn vader zijn verbintenis met degene van wie hij houdt zou weigeren. Daarvoor zal hij geld moeten lenen.

Het geld dat Harpagon bezit vertegenwoordigt voor hem een morbide obsessie: hij vreest dat de tuin geen voldoende schuilplaats is voor zijn tienduizend kronen.

De oude man brengt het onderwerp huwelijk ter sprake bij zijn kinderen. Hij vraagt zijn zoon wat hij van Mariane vindt. Vol hoop prijst Cléante haar aan, maar zijn enthousiasme maakt al snel plaats voor verbazing als Harpagon aankondigt dat hij met de jonge vrouw wil trouwen.

Harpagon bestemt een weduwe voor zijn zoon en zijn dochter een rijke heer, Anselme. Als reactie op de protesten van Élise besluit hij haar nog dezelfde avond uit te huwelijken.

ACTE II

Cléante vertrouwt La Flèche, zijn bediende, toe dat zijn vader zijn rivaal in de liefde is. Bovendien krijgt de jongeman dankzij meester Simon een lening, maar onder zeer slechte voorwaarden, wat Cléante boos maakt. De twee mannen komen meester Simon tegen in gezelschap van Harpagon en ze beseffen allemaal dat Harpagon de woekeraar van Cléante is. Vader en zoon maken ruzie en vinden elkaars houding onvergeeflijk.

Frosine, in zaken met Harpagon, vertelt hem dat zij de toestemming van Mariane's moeder heeft gekregen voor hun huwelijk. Ze kondigt ook aan dat Mariane aanwezig zal zijn bij het huwelijk van Élise. Harpagon is bezorgd over het geld dat hij met deze verbintenis zou kunnen verdienen en vreest dat hij de jonge vrouw niet zal behagen. Aan het eind van hun gesprek vraagt Frosine om betaald te worden, maar hij wijst haar af.

AKTE III

In een poging de uitgaven te beperken, geeft Harpagon verschillende opdrachten voor de organisatie van het bruiloftsfeest. Gesteund door Valère vraagt hij meester Jacques (zijn chauffeur en kok) de hoeveelheid voedsel voor de maaltijd te verminderen. Geërgerd beschuldigt meester Jacques Valère ervan een vleier te zijn en stelt dat Harpagon een lachertje is. Hiervoor wordt hij achtereenvolgens geslagen door de twee mannen. Hij voelt grote wrok en belooft wraak te nemen.

Mariane en Frosine arriveren bij Harpagon thuis. Mariane bekent haar liefde voor Cléante aan Frosine. Ze wil niet trouwen met Harpagon, die ze vreselijk vindt. Ondertussen verklaart Cléante dat hij er geen voorstander van is dat Mariane zijn stiefmoeder wordt. Dan verklaart hij ten overstaan van iedereen, onder het voorwendsel in naam van zijn vader te spreken, zijn liefde voor haar. Hij organiseert ter ere van hem een picknick in de tuin en biedt haar een ring van Harpagon aan, die hem woedend maakt.

AKTE IV

Mariane en Cléante zijn vastbesloten zich met elkaar te verloven en zoeken een oplossing voor hun moeilijkheden. De jonge vrouw wil alles opbiechten aan haar moeder om haar steun te krijgen.

Harpagon ziet Cléante de hand van Mariane kussen. Dan begint hij een discussie met zijn zoon en vraagt zijn mening over zijn toekomstige stiefmoeder. Cléante zegt het tegenovergestelde van wat hij denkt. Hypocriet beweert Harpagon dat het jammer is omdat hij net van gedachten was veranderd en besloot hem Mariane te geven. Cléante bekent vervolgens zijn gevoelens voor de jonge vrouw, maar Harpagon weigert haar op te geven. Ze maken hevig ruzie en meester Jacques probeert hun geschil te beslechten, tevergeefs.

La Flèche steelt de schat van Harpagon en toont hem aan Cléante. Harpagon merkt al snel dat zijn geldkistje verdwijnt. Hij is wanhopig en wil naar de rechter stappen om het terug te krijgen.

AKTE V

Harpagon huurt een commissaris in om een onderzoek in te stellen. Meester Jacques, die hen toevallig tegenkomt, wordt gevraagd wat hij weet van de diefstal. Hij ziet dit als een goede gelegenheid om wraak te nemen op Valère en beschuldigt hem ervan verantwoordelijk te zijn voor de misdaad.

Valère komt de kamer binnen. Harpagon probeert hem de diefstal te laten bekennen. Omdat zijn beschuldigingen vaag zijn, ontstaat er een groot misverstand: Valère denkt dat het gesprek gaat over zijn liefde voor Élise. Hij rechtvaardigt zijn daden en kondigt aan dat Élise een belofte heeft getekend om met hem te trouwen. Gek van woede wil Harpagon Valère laten ophangen. Élise legt uit dat de jongeman haar leven heeft gered, maar dat het hem niets kan schelen.

Heer Anselme maakt dan zijn entree. Harpagon legt hem uit dat Valère een verrader is die bij hem heeft ingebroken om zijn geld en zijn dochter te stelen. Valère begrijpt niet van welke misdaad hij wordt beschuldigd en houdt vol dat hij de zoon is van een edelman, Don Thomas d'Alburcy.

Anselme beweert vervolgens dat hij een bedrieger is omdat Don Thomas d'Alburcy zes jaar geleden met zijn gezin is omgekomen bij een schipbreuk. Valère antwoordt dat hun zoon – hijzelf – het toch heeft overleefd. Jaren later, nadat hij hoorde dat zijn vader nog leefde, gaat hij naar hem op zoek.

De verklaringen van Valère leiden tot verbazing. Mariane legt op haar beurt uit dat zij de dochter is van Don Thomas d'Alburcy: ook zij en haar moeder hebben de ondergang overleefd. Anselme bekent vervolgens dat hij hun vader is en ze omhelzen elkaar onder de blik van Harpagon, die er niets van begrijpt, maar erop staat dat zijn geld wordt teruggegeven.

Cléante vertelt zijn vader dat hij zijn geld zal terugkrijgen als hij ermee instemt hem Mariane ten huwelijk te geven. Anselme moedigt Harpagon aan in te stemmen met de twee huwelijken, wat ze doet, onder de voorwaarde dat hij nergens voor hoeft te betalen.

La Flèche zet het geldkistje discreet op tafel; Harpagon ziet het en is vervuld van vreugde.

KARAKTERSTUDIE

HARPAGON

Harpagon is weduwe en heeft twee kinderen, Élise en Cléante. Hij is maar met één ding bezig: geld. De enige gebeurtenis die niet van economische aard is, is zijn huwelijk met Mariane. Harpagon probeert de jonge vrouw zodanig te behagen dat hij grotesk wordt. Hij probeert zelfs ouder te lijken en draagt een afschuwelijke bril omdat Frosine hem heeft verteld dat Mariane alleen op oude slechtziende mannen valt. Maar zelfs in zijn sentimentele zaken komt de obsessie van Harpagon snel terug: het vooruitzicht van een huwelijk met een nederige vrouw, die geen geldelijke waarde zal brengen, baart hem zorgen.

Zijn gedrag wekt bij iedereen vijandigheid op: Cléante en Élise maken ruzie met hem, Frosine zit achter hem aan omdat hij haar niet heeft betaald voor haar werk als koppelaarster en La Flèche wil dat hij lijdt voor zijn hebzucht ("Hij geeft me bijna, door zijn manier van doen, het verlangen hem te beroven, en ik zou denken dat ik daarmee een verdienstelijke daad stelde", Acte II, Scène I).

Harpagon is ook egoïstisch, onverzettelijk, autoritair en wispelturig, en houdt van vleierij (vooral van Frosine en Valère).

Hij is een van de personages van Molière die het grootste nageslacht heeft gekend. De volgende antonomasie hiervan (retorische figuur "waarin een persoon wordt aangeduid met een gemeenschappelijke naam of omgangsvorm die hem

definieert of, omgekeerd, waarin een persoon wordt aangeduid met de naam van een figuur waarvan hij de definië-
rende eigenschap deelt", *Petit Robert 2007*): een "Harpagon"
betekent een man die blijk geeft van grote hebzucht.

CLÉANTE

De zoon van Harpagon, Cléante, is verliefd op Mariane. Hij is
vastbesloten zijn leven te leiden zoals hij wil, zelfs als zijn
vader zijn plannen in de weg staat. Omdat hij niets van
Harpagon krijgt, verdient hij geld met gokken en neemt hij
maatregelen om een lening te krijgen. Bovendien vertrouwt
hij zijn zus toe dat hij besloten heeft om zo nodig met Mariane
weg te lopen.

Wanneer hij beseft dat Harpagon met hem concurreert op
emotioneel gebied, aarzelt hij niet om zich tegen hem te ver-
zetten. Hij toont zelfs durf, zoals wanneer hij zijn gevoelens
aan Mariane opbiecht in het bijzijn van zijn vader. Cléante is
dus het personage dat zich het sterkst verzet tegen Harpagon.

Bij verschillende gelegenheden krijgt Cléante waardevolle
hulp van La Flèche. Deze laatste is bijzonder nuttig wanneer
hij de geldkist van Harpagon weet te stelen. Dankzij deze
diefstal kan Cléante zijn vader chanteren en uiteindelijk de
hand van Mariane krijgen.

MARIANE

Mariane is onlangs aangekomen in het arrondissement van
Parijs waar de actie zich afspeelt. Zij wordt door Cléante als
volgt beschreven:

> *Een jong meisje [...] dat gemaakt lijkt om liefde op te wekken bij allen die haar zien [...]. Alles wat zij onderneemt wordt op de meest charmante manier gedaan; en in al haar handelingen straalt een prachtige gratie, een zeer winnende zachtheid, een aanbiddelijke bescheidenheid [...].*
> *(Akte I, Scène 2)*

De jonge vrouw leidt een bescheiden leven en zorgt voor haar moeder. De onthulling van hun ware identiteit vindt plaats in de laatste akte: de twee vrouwen zijn respectievelijk de dochter en de vrouw van Don Thomas d'Alburcy. Zij overleefden de schipbreuk van zestien jaar geleden en werden gedwongen tot slavernij door piraten. Toen ze eenmaal hun vrijheid hadden herwonnen, keerden ze terug naar Napels, hun geboortestad, waar niets van hun bezittingen overbleef. Daarna vertrokken ze om zich uiteindelijk in Parijs te vestigen.

Mariane houdt van Cléante en walgt van het idee om met Harpagon te trouwen. De twee jongeren lijken op een dood spoor te zitten, maar hun problemen worden geleidelijk opgelost. Allereerst laat de moeder van Mariane haar de man kiezen met wie ze wil trouwen. Vervolgens steunt ook Anselme, die toevallig haar vader is, hun verbintenis. Ten slotte kiest Harpagon, trouw aan zichzelf, ervoor haar op te geven om zijn geldkistje terug te krijgen.

VALÈRE

Valère wil met Élise trouwen. Om dit te bereiken overweegt hij twee oplossingen:

- Zijn familie vinden. De jongeman gelooft inderdaad dat de adel van zijn bloed Harpagon zal overtuigen in te stemmen met zijn huwelijk met zijn dochter: "Maar als ik mijn ouders kan vinden, zoals ik ten volle hoop, zullen zij ons spoedig gunstig gezind zijn" (Akte I, Scène 1);

- Ondertussen wordt Valère een dienaar van Harpagon om te proberen een goede indruk op hem te maken en aan de zijde van Élise te blijven. Valère weet dat Harpagon graag geprezen wordt om zijn ideeën. Hij geeft hem dus altijd gelijk. Deze rol die hij aanneemt zal hem voortdurend vooroordelen bezorgen: hij wordt verraden door meester Jacques die hem ervan beschuldigt de geldkist te hebben gestolen. Om zijn onschuld te bewijzen legt Valère uit dat hij de zoon is van Don Thomas d'Alburcy. Na de schipbreuk werd hij opgevangen en opgevoed door de kapitein van een Spaans schip.

ÉLISE

Élise, de dochter van Harpagon, is hartstochtelijk verliefd op Valère sinds hij haar van de verdrinkingsdood heeft gered. Ze deelt een diepe band met haar broer, voor wie ze een vertrouwenspersoon is. Beiden zijn van elkaar afhankelijk als het gaat om het verdedigen van hun zaak tegen Harpagon.

Élise toont moed wanneer zij Harpagon haar weigering om met Lord Anselme te trouwen kenbaar durft te maken. Helaas leidt haar protest alleen maar tot irritatie van Harpagon, die daarop besluit nog dezelfde dag met hen te trouwen. Vastbesloten niet toe te geven aan de beslissingen van haar vader, tekent ze een belofte om met Valère te trouwen. De komst van Anselme en de uiteindelijke afloop lossen de problemen van de jonge vrouw op.

ANSELME

Anselme is de man met wie Harpagon zijn dochter wil uithuwelijken omdat hij uit deze verbintenis winst verwacht te halen: hij is rijk en heeft, voor zover hij weet, geen kinderen uit zijn eerste huwelijk en stemt ermee in Élise zonder bruidsschat tot vrouw te nemen.

Lord Anselme verschijnt pas aan het einde van het stuk, en hij vertegenwoordigt een *deus en machine* (een personage of gebeurtenis die een onverwachte wending geeft aan een uitzichtloze situatie of tragedie). Zijn tussenkomst zorgt inderdaad voor een happy end voor de jonge koppels. De onthulling van zijn ware identiteit komt als een bom: Anselme is eigenlijk Don Thomas d'Alburcy. Hij dacht dat hij de enige overlevende van de schipbreuk was en uit angst voor zijn leven in Napels verkocht hij zijn bezittingen, veranderde zijn identiteit en ging in Frankrijk wonen.

Vol vreugde na de hereniging met zijn familie stemt deze gulle man ermee in de bruiloften van zijn twee kinderen te betalen.

ANALYSE

LIEFDE EN GELD: DE KRACHTEN ACHTER DE ACTIE

De Miser toont een conflict tussen Harpagon en twee jonge echtparen. Maar de tegenstelling tussen hen vindt ook plaats vanuit het gezichtspunt van wat hun handelingen motiveert: terwijl de gierigheid van Harpagon elk van zijn beslissingen dicteert, handelen Cléante, Mariane, Valère en Élise allemaal uit liefde.

De etymologie van de naam "Harpagon" is op zich al veelzeggend. *Harpago* is een klassieke Latijnse term die "roofzuchtig" betekent. De hoofdpersoon van het stuk is dus voorbestemd om zijn keuzes te maken en te handelen naar zijn gierigheid:

- Hij probeert op alle mogelijke manieren geld te besparen: hij kleedt zich in oude kleren, voert zijn paarden niet naar behoren, geeft geen geld aan zijn kinderen (Cléante zegt: "Want is er iets wreder dan deze gemene economie waaraan wij onderworpen zijn? Deze vreemde schaarste waarin wij gedwongen worden te kwijnen?", akte I, scène 2), hij weigert zijn dochter een mooie bruiloft aan te bieden en blijft ongevoelig wanneer Frosine hem vraagt haar te belonen voor de diensten die zij heeft geleverd;

- Hij slaagt erin geld te verdienen: de lening die hij aan meester Simon wil verstrekken brengt een hogere rente op en hij verheugt zich over het idee dat zijn dochter trouwt met Anselme, een rijk man;

- Angstig en paranoïde vreest hij diefstal. Daarom bezoekt hij regelmatig de tuin, waar zijn geld begraven ligt. Hij wantrouwt iedereen: hij doorzoekt La Flèche grondig voordat hij hem binnenlaat, beschuldigt zijn eigen zoon ervan zijn geld te hebben gestolen en verdenkt iedereen in de stad ervan zijn geldkistje te hebben gestolen.

De vasthoudendheid waarmee Molière de gierigheid van zijn persoonlijkheid blootlegt, maakt *De Gierigaard* tot een comédie de caractère (een komedie waarin de auteur de houding en de ondeugden van de mens bekritiseert). Zoals in andere stukken (*Tartuffe*, *De misantroop*, *De denkbeeldige invalide*, enz.) zet de toneelschrijver een man neer wiens ondeugd ongelukkige gevolgen heeft voor zijn omgeving. Deze keuze beïnvloedt de schriftuur, met name de woordenschat: het lexicale veld van het geld komt herhaaldelijk voor in het spreken van Harpagon ("lening", "kronen", "bruidsschat", "honorarium", enz.).

Maar het stuk probeert ook een zedenkomedie te zijn, een sociale satire op de bourgeoisie, de opkomende klasse van de 17e eeuw. Harpagon, de bourgeois, staat dan tegenover de edelman Anselme, die niet aarzelt zijn geld uit te geven om het geluk van zijn kinderen te verzekeren.

Het gedrag van de vier jongeren wordt, in tegenstelling tot dat van Harpagon, volledig geleid door het gevoel van liefde:

- Cléante is van plan met Mariane weg te lopen en in tegenstelling tot zijn vader is hij blij dat hij het meisje financieel kan helpen:

> *Kun je je voorstellen, mijn zuster, wat een geluk het moet zijn om de toestand te verbeteren van hen die we liefhebben; vaardig om enige verlichting te brengen in de bescheiden behoeften van een deugdzaam gezin? (Act I, Scene 2)*

- Mariane overtuigt haar moeder om af te zien van haar eerste keuze voor het huwelijk van haar dochter;

- Élise negeert het gezag van haar vader door een belofte te ondertekenen om met Valère te trouwen;

- Valère verlaagt zich uit liefde voor Élise tot dienaar van Harpagon, tegenover wie hij zich schijnheilig gedraagt.

Deze acties lijken verwerpelijk in het licht van 17e eeuwse omgangsvormen. Ze kregen echter de instemming van het publiek omdat ze de belangen van een verachtelijke man bedreigen en gemotiveerd worden door een rechtvaardige zaak.

BRONNEN VAN DE STRIP

Ondanks het aanvankelijk duistere onderwerp – het isolement van een vader door de tirannie die hij uitoefent over zijn omgeving – is *De Gierigaard* een komedie. Daarom is het stuk bedoeld om de lachlust op te wekken. Met dit doel voor ogen gebruikt Molière de verschillende vormen van komedie in het theater.

- Karakterkomedie, gebaseerd op de persoonlijkheid van de hoofdpersoon: de toneelschrijver overdrijft de fouten van Harpagon, soms tot op het karikaturale af, wat hem belachelijk maakt (bijvoorbeeld de vasthoudendheid waarmee ze La Flèche zoekt alvorens hem te ontslaan, akte I, scène 3);

- Situation comedy, onder meer gebaseerd op een misverstand (een onbegrip waarbij iets of iemand voor iets of iemand anders wordt aangezien): dit is het geval wanneer Valère denkt dat Harpagon hem ervan beschuldigt Élise van hem te hebben afgenomen, wanneer de oude man het over zijn geldkistje heeft:

> *Valère: Al mijn verlangens waren beperkt tot de geneugten van het zicht, en niets crimineels heeft de passie ontheiligd die die mooie ogen mij hebben ingegeven.*
>
> *Harpagon: De mooie ogen van mijn geldkistje! Hij spreekt erover als een minnaar over zijn minnares.*
>
> *(Act V, Scene 3);*

- Gebarenkomedie, gekoppeld aan gezichtsuitdrukkingen (bijvoorbeeld de dwaze houding waarmee Harpagon Mariane ontmoet, akte III, scène 5), valpartijen (Harpagon wordt door een van zijn bedienden op de grond gegooid, La Merluche, akte III, scène 9) en zelfs de lijfstraffen die de personages elkaar opleggen (Valère slaat meester Jacques met een stok, akte III, scène 2);

- Woordkomedie, die vooral in woordspelingen zit.

THE MISER, EEN GOED VOORBEELD VAN INTERTEKSTUALITEIT...

Voor het componeren van zijn toneelstuk putte Molière uit verschillende bronnen:

- Hij werd in hoofdzaak geïnspireerd door *Aulularia* van Plautus, een komedie geschreven in ongeveer 200 v. Chr. Het raamwerk van het antieke toneelstuk wordt hergebruikt in *De Gierigaard*: Euclion, een oude man, vindt een pot vol goud. Hij wordt gekweld door het idee dat deze wordt gestolen, wat uiteindelijk ook gebeurt. Molière neemt ook preciezere scène-uittreksels van Plautus, zoals de beroemde monoloog van Harpagon (akte IV, scène 7). Door deze verwijzing naar het Latijnse theater neemt Molière een houding aan die in zijn tijd sterk werd aanbevolen, namelijk de imitatie van de klassieken;

- Het idee van een vader die geld leent aan zijn zoon komt al voor in *La Belle Plaideuse* (1655) van Boisrobert (Franse dichter, 1592-1662);

- *De Veronderstelde* (1509) van Ariosto (Italiaans schrijver en dichter, 1474-1533) vertelt het verhaal van een jongeman die in dienst is van de vader van degene van wie hij houdt. Er ontstaat een conflict tussen een andere bediende (hier meester Jacques) en uiteindelijk vindt de jongeman zijn vader terug samen met zijn sociale status.

Luigi Riccoboni, een Italiaanse acteur en schrijver uit de achttiende eeuw, stelde dat "in de hele komedie *De Gierigaard* geen vier scènes te vinden zijn die werkelijk door Molière zijn verzonnen". Maar dat doet niets af aan de verdienste van de toneelschrijver. Met dit stuk bewijst hij namelijk zijn talent door verschillende bronnen zo te rangschikken dat er een origineel werk ontstaat.

VERDERE REFLECTIE

ENKELE VRAGEN OM OVER NA TE DENKEN...

- *De Gierigaard* belicht de ondeugden van een man. Denkt u, na bestudering van zowel de oordelen van de andere personages over Harpagon als de afloop van het stuk, dat Molière met zijn schrijven een moraal wilde benadrukken die gierigheid veroordeelt?

- Jean-Jacques Rousseau, een beroemd schrijver en filosoof uit de achttiende eeuw, gaf een zeer kritisch oordeel over *De Gierigaard*: "Het is een grote ondeugd om gierig te zijn en een lening te verstrekken, maar is het niet een nog grotere ondeugd voor een zoon om van zijn vader te stelen, om hem niet te respecteren [...]? [...] Als de grap goed is, maakt dat hem dan minder verwerpelijk? En is het stuk waarin men de onbeschaamde zoon die de grap uithaalt lief krijgt niet minder moreel?" Bent u het eens met deze uitspraak? Motiveer uw antwoord.

- In hoeverre kan *The Miser* gezien worden als een toneelstuk over verhulling en geheimen? Wat zijn de resultaten van dit verzwijgen?

- Bij het schrijven van zijn toneelstuk liet Molière zich inspireren door verschillende eerdere werken, maar hij putte ook uit elementen uit het echte leven, met name uit zijn privéleven. Hoe kunnen we deze aanpak verklaren?

- Balzac, een realistisch schrijver uit de 19e eeuw, zei: "Met Harpagon schiep Molière gierigheid; met Vader Grandet schiep ik een vrek". Kunnen we, door Harpagon en Grandet te vergelijken, aannemen dat Balzac zich voor de constructie van zijn personage liet inspireren door *De Vrek*? Denkt u dat beide auteurs hetzelfde doel hadden?

- Kunnen we *The Miser* identificeren als een "donkere komedie"?

- Is het niet in tegenspraak met het algemene beeld dat Molière van Harpagon heeft?

- Van het stuk van Molière zijn verschillende verfilmingen gemaakt, waaronder die van Christian de Chalonge in 2006. Wat zijn de belangrijkste veranderingen (qua inhoud, opbouw, spel, enz.) bij de overgang van toneel naar film?

VERDER LEZEN

REFERENTIE-UITGAVE

Molière, J-B. (2000) *De Miser en andere toneelstukken.* Londen: Penguin Books Ltd.

REFERENTIESTUDIES

Comédie-Française website: < http://www.comedie-francaise.fr/ histoire-et-patrimoine.php?id=511>

AANPASSINGEN

L'Avare. (2007) [Televisiefilm]. Christian de Chalonge. Dir. Frankrijk: Jourd'hui Mitchell Productions.

L'Avare. (1977) [Stripverhaal]. Door Jean Pierre Lihou. Dessain en Tolra uitgaven.

*We horen graag van jou! Laat
een reactie achter op jouw online bibliotheek
en deel je favoriete boeken op social media!*

De uitgever garandeert de betrouwbaarheid van de gepubliceerde informatie, die echter niet onder zijn verantwoordelijkheid valt.

www.50minutes.com

Master ISBN: 9782808687478
Papier ISBN: 9782808698870
Wettelijk depot: D/2023/12603/1167

Omslag: © Primento

Digitaal ontwerp: Primento, de digitale partner van uitgevers.